LA

MAISON DES ARMOISES

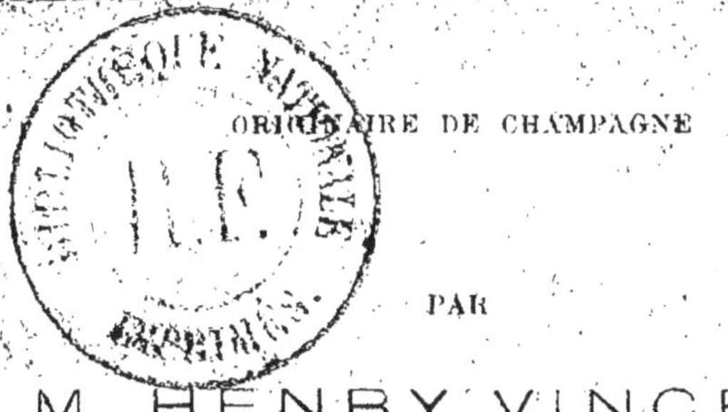

ORIGINAIRE DE CHAMPAGNE

PAR

M. HENRY VINCENT

Membre de la Société d'Archéologie lorraine.

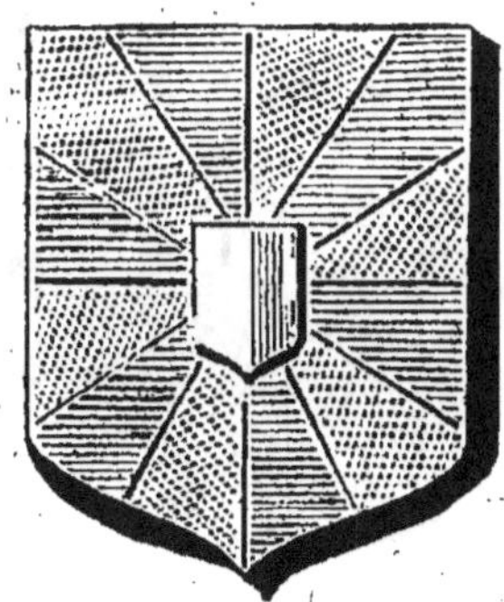

PARIS

Henri MENU, libraire

QUAI MALAQUAIS, 7

—

1877

LA
MAISON DES ARMOISES

ORIGINAIRE DE CHAMPAGNE

PAR

M. HENRY VINCENT

Membre de la Société d'Archéologie lorraine.

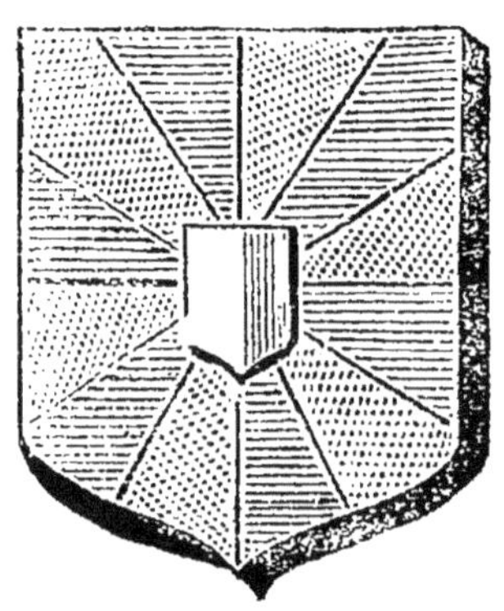

PARIS

Henri MENU, libraire,

QUAI MALAQUAIS, 7

—

1877

LA
MAISON DES ARMOISES

ORIGINAIRE DE CHAMPAGNE.

Dans un mémoire encore récent, M. Meaume a constaté l'existence du tombeau de Nicolas le Guellart des Armoises au prieuré des Rosiers (Ardennes). La Société d'archéologie lorraine accueillera sans doute avec bienveillance la description de ce monument, des détails sur la vie de celui qui y est représenté, sur les ancêtres de ce personnage, et les commencements d'une maison noble dont l'histoire intéresse également deux provinces ; la Champagne fut en effet le berceau de cette famille, et la Lorraine fut pendant plusieurs siècles le témoin de sa grandeur.

Des documents champenois, dont le plus grand nombre est inédit, ont permis de combler les desiderata de la généalogie donnée par Dom Calmet, et de remédier aux altérations de cette généalogie qui avait pour but de céler la trahison envers le duc Ferry III, attribuée par la légende à un des Armoises.

1

Les auteurs modernes reconnaissent que l'extraction flamande des Armoises, déjà suspectée au XVIIIe siècle est aujourd'hui inadmissible, de même que la préten-tion de cette famille à descendre des Grands Forestiers de Flandres. Aucune localité flamande ne porte un nom qui ait de l'analogie avec celui de cette maison, et la ressemblance apparente entre les blasons des deux races ne résiste pas à un examen sérieux. D'après Olivier de Vrée *(Sceaux des Grands Forestiers de Flandres*, pl. 8, n° 2, reproduit par la fig. 5 de la planche jointe à ce mémoire) ces princes portaient d'abord : Gironné de *huit* pièces, à l'écusson en abîme ; mais bien avant le xiie siècle, ce gironné s'était trans-formé en une escarboucle à huit rais, chargée ou non en cœur d'un écusson plein (Olivier de Vrée, loc. cit. page 9). Il va sans dire que sur des sceaux de ce temps les émaux ne peuvent être déterminés. Ce blason à escarboucle est d'ailleurs aussi celui de Mathieu Ier de Lorraine (D. Calmet, *Hist. de Lorr.*, 1re édition, tome II, pl. II, fig. VI), et les des Armoises, si ce fait leur eût été connu, auraient, peut-être, aussi bien essayé de greffer leur arbre généalogique sur celui de la famille ducale.

La pierre tumulaire de Nicolas des Armoises (fig. 1 de la planche), année 1303, lui donne comme armes un champ plein, avec un écusson parti en abisme, et ferait penser que le gironné est relativement moderne. Il est juste cependant d'ajouter que les sceaux des Armoises les plus anciens que l'on puisse se procurer portent tous : Gironné de *douze* pièces, à l'écusson en abisme. Les sceaux représentés en nos figures 2, 3 et 4 présentent tous cette disposition.

Le n° 2 existe aux archives de la Meurthe (trésor des chartes, layette Bricy, 272) ; il est en cire brune, et appendu par une queue de parchemin à une charte originale de même matière, datée de l'an 1333, septembre, après la nativité de la Vierge (Lettres de Colart des Armoises, etc. : Voyez plus loin, *Colart*) Légende : S. COLLIN DES ARMOISES CHVEL.

Le n° 3, même dépôt, layette Briey I, n° 139, est en cire brune attenant à une charte originale en parchemin par une queue de même nature. Par cette charte de l'an 1344, lundi avant la Magdeleine, Jean des Armoises, chevalier, donne à Pierson des Préiz etc... (Voy. n° 6 de la généalogie). Légende presque entièrement détruite ; il n'en reste que les lettres IS DES.

Le n° 4 reproduit un sceau qui fait partie de la collection des Archives nationales. Le catalogue de cette collection donne les renseignements suivants :

N° 2404. — Simon des Hermoizes, seigneur de Fléville, pays messin. — Fragment de sceau rond de 28 millim. Arch. nat. M. 332. — Armorial : un écusson en abîme sur un gironné de douze pièces, l'écu penché, timbré d'un heaume, champ du sceau ouvragé. Légende : .... FLÉVILLE.

Appendu à un traité de mariage entre Jean d'Ottanges et Alice d'Ornes. — Marville, 5 nov. 1466.

La lecture de l'inscription ne me paraît pas exacte : il m'est impossible de lire autre chose dans les caractères, très-frustes d'ailleurs, que : DES ERMOI....

Les armoiries sont les mêmes dans ces trois sceaux de temps et de personnages différents, et plus tard, Husson l'Ecossois (*Simple crayon*, art. des Armoises) les blasonne avec tous les généalogistes : *Gironné de douze pièces d'or et d'azur, à un écusson parti d'argent et de gueules en abisme.*

Ces armes, dont la confusion est impossible avec celles des Grands Forestiers, démontrent clairement la communauté d'origine de la maison qui nous occupe, avec plusieurs maisons de la Champagne : ainsi, les Savigny en Rethelois, pour ne citer qu'un exemple, paraissent avoir brisé l'écu précédent ; ils portent : *Gironné de douze pièces d'azur et d'or, à un écusson de gueules plein en abisme, et sur le tout, une bande en devise d'hermines.* (*Caumartin*, Procès-verbal de la recherche de la noblesse de Champagne, Châlons, 1673, in-8°, réimp. à Vouziers en 1852, page 114.) Les supports des deux écus sont les mêmes : des lions ou des sauvages vêtus de peaux de bêtes.

Comme l'a écrit M. Meaume, sur les indications précises de M. Bretagne, les ascendants de Nicolas le Guellart possédaient deux villages des Ardennes actuelles, les Grandes et les Petites Armoises. Ces deux localités sont très anciennes, et dans le voisinage de chacune d'elles, notamment au lieu dit la *vieille ville*, près des Grandes Armoises, on trouve de nombreuses substructions et des débris gallo-romains de toute nature. Elles ont toujours fait partie du Rethelois et du diocèse de Reims.

Souvent citées dans les chartes des comtes de Rethel, elles sont inscrites au xviiᵉ siècle sur la liste des villages du duché, autrefois comté de ce nom, et relevaient de la prévôté d'Omont, avec Sy, Verrières et Charbogne nommés plus loin.

En 1303, les Armoises sont nommés au premier pouillé connu du diocèse de Reims, dans le doyenné de Launois, auquel elles restèrent attachées jusqu'en 1790. Le patronage de la cure unique, formée des deux villages, dépendait du Chapitre de Braux, le plus ancien de l'archevêché (Varin, *Archives administratives de Reims*, tom. II, 1ʳᵉ partie, page 1071).

Au commencement du XIIᵉ siècle, les Armoises étaient comprises dans le domaine de Guillaume et Nicolas de Stonne (1) et de Guy d'Autry. Le lien de parenté, facile à constater pendant deux siècles entre les seigneurs d'Autry et ceux des Armoises, doit faire considérer Guillaume et Nicolas de Stonne comme les auteurs de la famille en question.

Ils figurent en 1137 dans la charte de fondation du monastère de Mont-Dieu (*Marlot* français, *Histoire de la cité de Reims*, tom. III, p. 740, preuves, et cartulaire ms. du Mont-Dieu) (2).

(1) Stonne est un lieu très ancien, situé sur une montagne élevée, distant de 3 kil. des Grandes Armoises. Stonne avait autrefois le titre de baronie, et au commencement du siècle dernier, il y existait encore une tour considérable devant laquelle se rendaient les hommages féodaux.

(2) Le volume du cartulaire du Mont-Dieu qui renferme les titres cités dans ce mémoire est inscrit aux archives départementales des Ardennes sous la cote H, 277. C'est un registre in-folio, relié en veau, écrit sur papier aux XVIᵉ et XVIIᵉ siècles, se composant de 520 feuillets, « fait du temps de Dom Bertrand Morel, prieur.... ».
La Chartreuse du Mont-Dieu fut fondée en 1137 par Odon, abbé de Saint-Remi de Reims, avec le produit des aumônes faites par les principaux seigneurs de la contrée et par les abbayes du diocèse. Saint-Bernard y écrivit son traité *de*

Après un intervalle de cent ans, on voit :

I. — *Nicolas Dagars*, en 1244, déclarer que « tout ce que son cousin, Guillaume de Germaine, tient à Autry, muet de la seigneurie de Bourq, des fiefs don roi de Navarre. » (*Cartul. de Rethel*, n° 44 (1). Nicolas Dagars, en 1247, est qualifié sire des Armoises, dans le cartulaire du Mont-Dieu. En 1245, le même, avec le consentement de sa femme Mahaut, de ses fils Baudoin, chevalier, et Gaucher, cède à Jean, comte de Rethel, Stonne et tout ce qu'il avait entre Stonne et les *Armoises* et à la Besace (2) en échange de Charbogne (*cart. de Rethel*, n° 67) (3).

De ses fils, Beaudoin, l'aîné, eut en partage les Armoises, et Gaucher reçut Charbogne, dont il prit le nom. Les autres enfants sont Gobinus ou Gobert, et Clarembaud, clerc.

Vita Solitaria. Plusieurs fois dévasté et rebâti magnifiquement au xviie siècle, ce monastère était en 1790 le plus riche des Ardennes actuelles. A la Révolution, il fut pillé et en parti démoli ; les bâtiments claustraux, qui subsistent encore aujourd'hui, servirent de prison politique ; on y jeta à la fois jusqu'à trois cents détenus, dont plusieurs ne sortirent que pour aller à l'échafaud.

Les titres du couvent, détruits partiellement en 1793, mais encore fort nombreux, sont aujourd'hui aux archives des Ardennes, où ils constituent l'un des fonds les plus précieux pour l'histoire locale.

(1) M. Léopold Delisle a publié sur ce cartulaire une notice importante, insérée dans le tom. V, 2e partie de l'annuaire-bulletin de la Société de l'histoire de France, in-8°, Paris 1867. Cette notice est accompagnée d'un catalogue-sommaire des titres, auquel renvoient les indications du texte ci-dessus.

(2) *La Besace*, village à 6 kil. des Grandes Armoises, canton de Raucourt (Ardennes).

(3) *Charbogne*, village du canton d'Attigny (Ardennes).

II. — *Beaudoin Dagars*, sire des *Armoises*, Aelis, sa femme, et ses enfants non dénommés, sans doute à cause de leur bas âge, font en 1253 un accord avec les Chartreux du Mont-Dieu, et reconnaissent n'avoir aucun droit sur les bois de l'abbaye situés près de Stonne et des *Armoises*.

En 1259, Baudoin figure comme témoin dans un traité entre l'évêque de Liège et Thomas de Beaumetz, archevêque de Reims. Ce traité solennel conclu en présence des principaux seigneurs voisins, tels que le sire de la Ferté (lez Mouzon), le chatelain de Mouzon, Arnoux, comte de Loos et de Chiny, le sire de Luxembourg, etc., réglait les droits respectifs des deux prélats sur les localités qui, plus tard, formèrent la principauté de Sedan (Marlot, Hist. de la ville, cité de Reims, in-4°, tom. III, p. 808-809 pr.).

Les enfants, non désignés en l'acte de 1253, sont les mêmes qui, en 1284, dans un autre titre du Mont-Dieu, reconnaissent leurs torts pour avoir violé l'accord précédent fait par leur père. Ils se nomment : 1° Jean, chevalier, sire des *Armoises* ; — 2° Nicolas le *Guellart* ; — 3° une fille mariée à Jean de Vonc, seigneur de Sy.

III. — *Jean*, chevalier, sire des *Armoises*, époux de Pucella, d'après un titre des archives de Saint-Denis de Reims (liasse des Armoises), 1284, portait le surnom de Gobeles. Il eut pour fils Baudoin II, qui suit.

III bis. — *Nicolas le Guellart*, chevalier, sire des *Armoises*, second fils de Baudoin 1er, dit Dagars, est le premier membre de la famille des Armoises connu de D. Calmet. Mais l'historien lorrain paraît avoir ignoré toute la partie de la vie de Nicolas qui ne s'est pas écoulée dans le Barrois. Comme ce personnage a joué un rôle assez important, comme il a passé jusqu'à ce jour pour la tige de la famille lorraine de son nom, il y a là une lacune qui mérite d'être comblée.

Nicolas, né avant 1253, n'est rappelé nominativement dans aucune pièce historique antérieure à l'acte précité de 1284.

En 1285, on le retrouve servant dans l'armée de Raoul de Nesle, connétable de France, et à ce titre, il est rappelé dans le compte de Jean d'Ays (*D. Bouquet*, Recueil des historiens de France, tome XXII, fol. 694).

L'armée française qui cherchait à s'emparer de l'Aragon, donné par le pape à Charles, second fils de Philippe-le-Hardi, fut arrêtée pendant trois semaines au défilé du Pas-de-la-Cluse; mais, ce défilé ayant été tourné, l'armée aragonaise s'enfuit, abandonnant ses bagages et ses approvisionnements.

Nicolas des *Armoises* assistait à cette affaire, la plus importante de la campagne.

A partir de 1292, il laisse de nombreux témoignages de sa présence dans les terres qu'il possédait en commun avec ses frères.

Il résidait probablement dans le Barrois : le comte de Grandpré avait, en 1267, fait hommage au comte de Bar de la châtellenie de Buzancy (*Cabinet historique*, Tom. Ier, p. 191 et suiv. inventaire), et Nicolas, possesseur de Verrières, Sommauthe, et autres fiefs mouvants de Buzancy, jugea utile de se fixer auprès de son suzerain.

Une charte du cartulaire de Moiremont, page 23 (1),
donne les détails sur les familles d'Autry et des *Armoises* en 1292. En voici les principaux passages :

......« Je Baudoins d'Orcymont, chevalier, sire de
» Roumeris, fais sçavoir à tous que j'ay donné en bon
» don loyal, sans fraude, à mon cher cousin Monsi-
» gneur Nicolas le *Gueulars des Armoizes,* cinquante
» arpens de bois à prendre en mes bois que j'ay delez
» Aultry..., et les peult reprendre ledict *Nicolas Gueu-*
» *lars,* sans meffaire, de Monseigneur de Cherboigne,
» s'il lui plaist, ou de moy, et quitte de rechef telle par-
» tye que je pourroys ou debvrois avoir en cinc cens
» livres de tournois, dont ledict *Nicolas le Gueulars*
» estoit obligié envers Monseigneur Baudoin d'Aultry,
» archidiacre en l'Eglise de Chaalons qui fust... et de-
» voit-on ces cinq cens livres prendre sur le pourpris
» des bois ledict *Nicole Gueulars* qui siettent entre

(1) Le cartulaire manuscrit de Moiremont fut dressé en
1758 par Levesque de la Ravalière, le savant membre de
l'Académie des Inscriptions, en reconnaissance des neuf pre-
miers volumes des historiens de France que lui avait donnés
le monastère. — Ce cartulaire est aujourd'hui déposé aux
archives de la Marne avec tous les titres du couvent.
Moiremont-en-Argonne, département de la Marne, arrondissement de Sainte-Ménehould, était autrefois une abbaye
de Bénédictins, fondée au VIIIe siècle par le comte Nanterrus,
sous le nom de Mauri-mons. Elle fut saccagée par les Nor-
mands et trois fois brûlée depuis; sa juridiction s'étendait
sur un grand nombre de villages, parmi lesquels nous cite-
rons Séchaut et Bouconville, qui relevaient à la fois de Moiremont et de Saint-Nicaise de Reims (de Barthélemy, Diocèse
ancien de Châlons-sur-Marne, 2 vol. in-8°, 1861, Tom. Ier,
p. 156).

» Bouconville (1), et le Froid-Fossé.....: Et pour que ce
» soit ferme chose et estable à tousiours, ai-je ces pré-
» sentes lettres scellées de mon propre sceel en tesmoi-
» gnage de vérité. Lesquelles furent faittes l'an de grace
» mil deux cens quattre vingts et douze, le sabmedi
» après la feste de Sainct Nicolas en-hyver. »

Le 17 décembre 1294, *Nicolas des Armoises* rachetait des Hospitaliers de Saint-Lazare, de Châlons, une rente de 20 sols par an sur les moulins de Sommauthe (2), qui leur avait été léguée par l'archidiacre Baudoin d'Aultry (Cartulaire de Belval, Inventaire, Semault) (3).

En 1295, il fut l'un des signataires de la charte reconnaissant les droits du Mont-Dieu sur les bois de Sy (4), (cartul. du Mont-Dieu).

Pendant les années malheureuses qui terminèrent la vie de Henri III, comte de Bar, *Nicolas des Armoizes*

(1) Bouconville, canton de Monthois (Ardennes), à 4 kilo- mètres des Rosiers.

(2) Sommauthe, village du canton de Buzancy (Ardennes), appartenait, au xviiie siècle, à l'abbaye de Belval.

(3) L'abbaye de Belval, ordre de Prémontré, fondée en 1133, par Albéron, évêque de Verdun, sur une terre que Henri, comte de Grandpré, tenait en fief de Renaud, comte de Bar, fut enrichie des libéralités du comte de Grandpré, des sires d'Autry et de la plupart des seigneurs voisins. L'académicien Testu fut abbé commandataire de Belval, ainsi qu'un Joyeuse-Grandpré. Il n'en reste plus aujourd'hui que les bâtiments claustraux, construits au xviiie siècle. Belval est dans le canton de Buzancy (Ardennes).

(4) Sy, village du canton du Chesne (Ardennes) avait au xviiie siècle le titre de marquisat; il relevait du duché de Rethel, et appartenait à messire Fumeron de Verrières, fer- mier-général.

aida de ses deniers et de son épée le comte et sa famille. Il reçoit, en effet, de l'abbé de Moiremont, quittance de 2,000 livres prêtées à lui et à Jean de Bar; avec la garantie des prévôts de Dun et de Varennes.

C'est là, je crois, l'interprétation la plus raisonnable d'une charte fautivement transcrite par D. Calmet, t. V, p. CLVIII, preuves :

« Le mercredi avant Pâques fleuries, 1295, Hue, abbé, et Hue de Mailli, prieur de Moiremont, et *feu Nicole le Gueulard*, chevalier, quittent Jean de Bar et ledit Gueulard, etc... »

Henri de Bar, ayant profité des embarras du roi de France avec les Flamands et les Anglais, pour ravager la Champagne, Gaucher de Châtillon, envoyé contre lui, le fit prisonnier à Louppy. Henri ne recouvra sa liberté qu'en 1301, à des conditions onéreures, et en promettant de partir pour une croisade dont il ne devait revenir qu'avec l'assentiment du vainqueur.

Il mourut à Naples ou en Sicile, dans le cours de cette expédition. *Nicolas des Armoises,* qui en raison de son expérience des guérres méridionales avait dû l'accompagner, fut chargé d'aller en Angleterre annoncer au roi la mort de son gendre. Il rapporta de sa mission des lettres par lesquelles Edouard Ier confirme les pouvoirs des régents nommés à son petit-fils, et rappelle à la noblesse Barrisienne le serment de fidélité juré lors du mariage d'Aliénor, sa fille, avec le comte défunt (D. Calmet, Hist. de Lorr. 1re édition, Tom. IV. pr. p. DLVI).

Nicolas des Armoises mourut peu de temps après son retour de l'Angleterre, en janvier 1303 (Voy, planche, fig. 1.).

En lui s'éteignait une des branches de la descendance de Baudoin Ier des Armoises; car, si l'on est certain de son mariage, le nom de sa femme est inconnu, et aucun titre émané de lui ou de ses exécuteurs testamentaires, n'autorise à penser qu'il ait eu des enfants mâles.

Dans le catalogue des abbesses d'Avenay, près Reims (*Gallia Christ.*, tom. IX, col. 280) on remarque de 1803 à 1320, Clarisse des Armoises, et l'on est tenté de la considérer comme la fille de *Nicolas le Guellart*, si l'on a égard aux rapports entre les âges de ces deux personnages et à la parenté qui existait entre les des Armoises, et les seigneurs de Germaine, près Avenay. (Cartul. de Rethel, n° 44).

Par son testament, Nicolas laissait de grands biens aux Rosiers, à l'abbaye d'Avenay, à celle de Moiremont, et à Notre-Dame-des-Prés de Louvercy, tous de l'ordre de Citeaux, et à Belval, ordre de Prémontré (Cart. ms. de ces abbayes).

Ce dernier legs consistait en moitié du terrage du village de Sommauthe, dont l'autre moitié appartenait déjà à l'abbaye, par donation de Baudoin d'Autry; ce legs fut contesté par Beaudoin d'Orcymont, mais il y eut le 29 juillet 1307, accord entre lui et l'abbaye par l'intervention de Robin des Armoises, chevalier, Joffroy de Landres, et Jean de Verrières, écuyers (Cart. ms. de Belval, p. 62).

Les legs à N. D. de Louvercy et à l'abbaye de Belval étaient faits à la condition de célébrer pour l'âme du défunt trois messes de Requiem par semaine, à perpétuité. (Cart. ms. de l'abbaye de Moiremont.)

Nicolas fut, comme on le sait, inhumé dans l'église

du monastère des Rosiers qu'il avait enrichi de ses libéralités.

Les Rosiers, simple écart de la commune de Séchault, canton de Monthois (Ardennes) sont un ancien prieuré en commande de l'ordre de Citeaux, qui avait lui-même succédé à une petite abbaye de femmes du même ordre, fondée vers le milieu du XIIIe siècle. Quelques années après 1790, la plupart des constructions changèrent de destination, et l'église en particulier devint une maison d'habitation.

Lors des travaux, elle contenait encore les deux dalles tumulaires de Baudoin d'Autry, fondateur, et de *Nicolas le Guellard des Armoises*, bienfaiteur de l'abbaye primitive. Les fouilles mirent au jour les restes de ces deux personnes : l'armure du chevalier était assez bien conservée, et absolument semblable à celle dont la tombe nous le montre revêtu.

Les ossements furent inhumés honorablement dans le cimetière de Séchault, et les pierres furent placées dans le dallage de l'église de cette paroisse. Mais les dessins et les inscriptions risquaient dans cette situation d'être promptement effacés : aussi M. Béchet, propriétaire actuel des Rosiers, voulut-il en assurer la conservation, et obtint-il de les ramener chez lui, où l'on peut les voir aujourd'hui.

La seule de ces pierres qui nous occupe en ce moment, celle de *Nicolas des Armoises*, est portée par deux chapiteaux provenant de l'ancienne église et appliquée verticalement au mur d'un vestibule.

Elle est en pierre très-dure, grisâtre, mêlée de grains cristallins : hauteur, 3^m 33 ; largeur au sommet, 1^m 34 ; largeur aux pieds, 1^m 23.

Nicolas des Armoises (n° 1 de la planche) est représenté couché, la tête posée sur un coussin soutenu par deux anges les ailes déployées ; et il a les pieds reposant sur le dos d'un chien ou d'un lion accroupi tourné vers la droite. Le visage du défunt est celui d'un homme âgé d'environ soixante ans ; les yeux sont ouverts, le nez aquilin, les joues ridées : point de barbe. Les mains nues sont jointes sur la poitrine : la tête, le cou, les bras et les jambes sont protégés par un fin tissu de mailles ; une large cotte d'armes sans manches, recouvrant cette armure, et légèrement retenue autour du corps par le ceinturon de l'épée, laquelle est passée derrière l'écu. Celui-ci, dépourvu de toute figure ou ornement, est suspendu au bras gauche par deux courroies : le sommet répond à la ceinture, et la pointe, au bord de la cotte d'armes. Les pieds, chaussés de mailles, sont armés d'éperons en pointe. Aux épaules sont des *ailettes* oblongues, dont le revers, seul visible, est muni de deux agrafes.

Cet ensemble est placé sous une riche architecture ogivale, en forme de dais à trois arcades soutenu de chaque côté par des tours à trois étages, munies de fenêtres à meneaux ouvragés. Le sommet des tours est une flèche accompagnée de clochetons. Les trois arcades sont ornées de rinceaux, et surmontées chacune d'un pignon à crochets, percé lui-même d'une rosace, et terminé par une flèche fleuronnée et flanquée de clochetons. L'arcade principale est occupée par une nuée de laquelle sort une main, qui, de deux doigts étendus, bénit le mort couché au dessous.

Autour du dessin, court l'inscription suivante, commençant à l'angle supérieur gauche :

✠ CI : GIST : NOBLE : HON : MES : SIRES : NICOLES : : DIZ : LI : GVEL-
LARS : DES : AMOISES : CHEVALIERS : QVI : TRESPASSA : LAN : DE :
GRACE : : NOTRE : SEIGNOVR : MCCC : Z : : III : LE : DEISIME : IOVR :
[...] : [...] DES : DE : IANVIER : PRIIEZ : POVR : LAME : DE : LVI.

Sauf un léger écorné à l'angle supérieur gauche, cette pierre est parfaitement conservée. La composition et l'exécution artistique en sont des plus remarquables. Les proportions des figures, et des parties architecturales des plus heureuses. Le trait est net, profond, carré et n'a jamais contenu de ciment coloré. Les caractères de l'inscription sont très-bons comme calligraphie.

Le coussin placé sous la tête du défunt, et le chien sur lequel les pieds sont appuyés sont des indices de mort à la suite d'une maladie qui l'a atteint au foyer domestique. (*Fontaine*, recueil de différents monuments de St-Dié, in-fol. 1875, p. 13.)

Le coussin est finement quadrillé et chaque compartiment est occupé par une croix potencée : cette figure, pièce principale des armoiries de Jérusalem, n'est-elle pas destinée à rappeler la croisade dans laquelle Nicolas des Armoises s'était engagé ?

Enfin, ce noble personnage ne porte pas le blason que l'on trouve, trente ans après sa mort, gravé sur les sceaux des membres de sa maison : le champ de son écu contient simplement *un écusson parti* en abisme; le *gironné* se voit pour la première fois dans le sceau de Collin des Armoises en 1333 (Voy. pl., fig. 2.)

En tout cas, l'apparition tardive des *girons* vient démontrer une fois de plus, combien se trompaient ceux des Armoises qui prétendaient à une origine flamande.

suivant : l'orgueilleuse devise du marquis d'Aufnois :
« Flandria me genuit ! » : (H. Lepage, opinion de D. Calmet, p. 212.)

Nicolas portait déjà son surnom de Gueulard dans la charte de 1284 (cartul. du Mont-Dieu), et il figure également avec ce nom dans le compte de Jean d'Ays, 1285.

Le même document nous a transmis la mémoire du Gaulard de Moy, autre gentilhomme champenois, et des pièces recopiées au xviiie siècle, rappellent plusieurs fois li Quallars, Quallaers, identique avec Gaulart, Gallaers : Pierre, dit li Quallars, année 1284 (Cart. ms. de Signy, fol. 487, Arch. des Ard.), ce qui indiquerait la fréquence de cette dénomination en Champagne.

Il est bien difficile aujourd'hui de connaître le sens exact de ce mot : Si l'on conserve la forme *Gallars*, il peut être regardé comme dérivant de Gaillart, Vaillant, Galant. Les noms roturiers de Gallart, Wallart et Daga (Dagart), sont encore répandus aujourd'hui dans l'arrondissement de Vouziers.

Si l'on s'en rapporte à l'orthographe de Gueulart, souvent employée avec la précédente du vivant même de Nicolas, la signification ordinaire de ce mot au xiiie siècle était : Gourmand, glouton.

Les surnoms bizarres et grossiers abondent à cette époque, et ils étaient acceptés sans répugnance. On dirait même, à voir l'insistance avec laquelle les hommes d'alors les accollent à leur nom, qu'ils mettaient une sorte de gloriole à les porter, sinon à les justifier. On trouve parmi les nobles Ardennais, de 1200 à 1300 : Johannes Malecompositus (Jean Malbâti) (Cart. de Belval), — Valterus Diabolus, Wauthier le Diable (id.) —

Pierre Agrippars, Pierre le trompeur, le tire à soi, (cart. de Rethel) — Jean Coupe-Bourse, Jean la Panse, Colessons le Hideux, Jehan li Bouguerrians (id).

L'épithète de Gueulart n'a rien de plus désobligeant que les précédentes, et Nicolas des Armoises, en la joignant à son nom, n'a fait que suivre la coutume de ses contemporains.

Il va sans dire que nous préférerions le sens de Galant, Vaillant, plus honorable pour le noble personnage reconnu digne de le porter.

IV. — *Baudoin II,* des Armoises, fils de Jean Ier, épousa Julienne de Vandy (1). Baudoin mourut peu après l'année 1310 ; il est encore cité à cette date dans le cartulaire du Mont-Dieu : il abandonne alors, avec Jean de Vonc, leurs communes prétentions sur les bois du couvent, comme contraire à l'acte précité de 1284. Il laissa deux fils et deux filles, Baudoin et Jean, Isabeau et Alice.

Les fils reprirent plus tard les biens de leur mère, fille de Baudoin, chevalier, sire de Vandy ; les filles entrèrent en possession immédiate des biens de leur père, ainsi qu'il résulte du texte suivant (Cartul. de Rethel, n° 286) : — 1er décembre 1322. Aveu de « Juliarie, dame de Vendi et des *Amoises* »... Et ce que Bauduins, mes fils, tient de mi, et ce que Jehan de Nueville, mes fils, tient de Assonmuese, et tout ce que je tieng aux Amoises, et à Siy, etc...

____

(1) Vandy, village du canton de Vouziers (Ardennes), avait au xvie siècle le titre de marquisat ; il appartint depuis cette époque jusqu'en 1790, à la famille d'Apremont *à la croix.*

Isabeau mourut sans avoir été mariée. Alice épousa Jacques de Hans et des Armoises (Cartul. de Rethel, n° 414). Cette alliance est un des arguments sur lesquels les Des Armoises fondaient au siècle dernier leur prétendue extraction flamande. Mais Hans est un village champenois voisin de Sainte-Menehould (Marne) ; les démêlés fréquents de Jacques de Hans avec les comtes de Grandpré, dont il était parent (de Barthelemy, diocèse ancien de Châlons-sur-Marne, in-8°, 1861, tom. 1ᵉʳ, page 303) ; ce fait que Jacques possédait Ecry-sur-Aisne, aujourd'hui Asfeld, près Rethel, tout démontre encore le mal fondé de la prétention en question.

V. — *Robert Iᵉʳ*, ou *Robin* des Armoises, seigneur de Saint-Pierremont, village voisin des Armoises, paraît être le petit-fils de Gobert ou Gobin, frère de Baudoin Iᵉʳ, et le parent de Baudoin II, dont il épousa la veuve. Lors de cette seconde union, il avait eu d'un d'un premier mariage : *Jean* et *Colart* qui suivent.

En 1302, Thomas de Bar, chevalier, reconnaît pour lui et ses hoirs, avoir repris en fief de Henri, comte de Bar, ce qu'il avait acquis de Robin des Armoises (Arch. de la Meurthe, Trésor des Chartes, Bar ville, I, 11). Robert est rappelé au cartulaire de Rethel, n° 235, comme tenant en 1322, « le ban et la justice de Sorcy en Rethelois, à foi et hommage de Miles de Cornay. » Il possédait en même temps les terrages de Resson, près Rethel, lui venant « de sa femme » qui fu femme à Baudet jadis » (loc. cit., n° 300).

VI. — *Jean II*, des Armoises, chevalier, châtelain de Briey en 1333, et seigneur engagiste de Norroy, fait hommage au comte de Bar des fiefs qu'il tenait de Joffroy d'Aspremont.

Les habitants de Verdun, engagés dans une guerre avec le comte de Bar, ayant voulu piller le ban de Buzy, furent attirés dans une embuscade au pont de Warq, où l'on fit d'eux un grand carnage le 28 juin 1336. Collinet, l'un des bourgeois prisonniers, écrivait le lendemain que Jean des Armoises fut, avec Philippe de Florenges et le bailli de Saint-Mihiel, l'un des plus ardents parmi les chevaliers du comte de Bar qui « coururent sus » aux Verdunois « en huchant et criant : A la mort ! A la mort ! » Le massacre fut tel qu'on en parlait encore avec douleur cent ans après (L'abbé Clouet, Hist. de Verdun, in-8°. Verdun 1870, tom. III, pages 172 et suiv.).

En 1344, Jean donna à Pierson des Preiz, son écuyer, ce qu'il avait à Verrières, Fontenois et autres villages voisins des Armoises, biens dont il avait précédemment fait hommage au comte de Bar (Trésor des Chartes, Briey, 135). A cette pièce est appendu le sceau figuré au n° 3 de la planche. Dans le cours de la même année, Jean cautionna Thibaut de Bar pour 220 écus d'or empruntés à un Messin, nommé Rollon dit Bouvenel (loc. cit. Bar, mélanges, I, 68). Enfin, en 1363, il réclamait à Ferry de Bar une indemnité pour les dommages qu'il avait éprouvés au service de ce prince, et un accord intervint entre eux à ce sujet (Sancy et Pierrepont, II, 131, Trésor des Chartes).

VI bis. — *Colart* des Armoises, chevalier, avait, comme son frère, des biens à Moyeuvre, Mesnil, Briey et autres lieux voisins. En 1347, investi de la confiance de la comtesse de Bar (*Lainé*, généalogie de Briey, p. 57) il fut chargé par elle de racheter des seigneurs du nom de Briey, un pré qu'ils tenaient des comtes de Bar ; il reçut, en 1351, avec Thibaut de Bourmont la mission de faire l'assiette de 5,000 livrées de terre pour le douaire d'Yolande de Flandres, sur Puisaye, Clermont, Varennes, Pouilly, Vienne et Revigny.

En 1368, il régla avec son fils Robert leurs droits respectifs dans la succession de sa femme défunte. Colart était bailli d'Étain, et après l'affaire de Gondrecourt (1368) dans la guerre avec les Messins, il fut pris et décapité à Bouvigny. Robert, maréchal du Barrois, son fils, lui succéda.

Ce Colart est celui qui, dans la généalogie donnée par D. Calmet, porte le nom de Colart Ier ; et cet auteur fait de lui et de Nicolas le Gueulart une seule et même personne. Cette erreur est facile à rectifier, si l'on songe que 66 ans séparent la date de la mission de Nicolas en Angleterre (1302), de la date bien connue de la mort de Colart, bailli d'Etain (1368). Car l'hypothèse de D. Calmet, donnerait à ce dernier une existence d'au moins cent trois ans. La pierre tumulaire de Nicolas, lève d'ailleurs tout doute à cet égard et rend la confusion impossible à l'avenir.

De même, Robert, maréchal du Barrois, est aux yeux de D. Calmet, le premier du nom. Nous avons vu, au contraire, Robert ou Robin des Armoises se marier en 1312 avec Julienne de Vandy. Il est impossible que ce fait se rapporte à Robert, fils du Colart précédent, encore jeune en 1368 ; ce dernier est donc en réalité le deuxième du nom. Il a pour aïeul Robin, notre Robert Ier, et pour oncle, notre Jean II.

Les tableaux parallèles suivants donneront une idée

plus nette de la généalogie telle qu'elle doit être ré-
tablie :

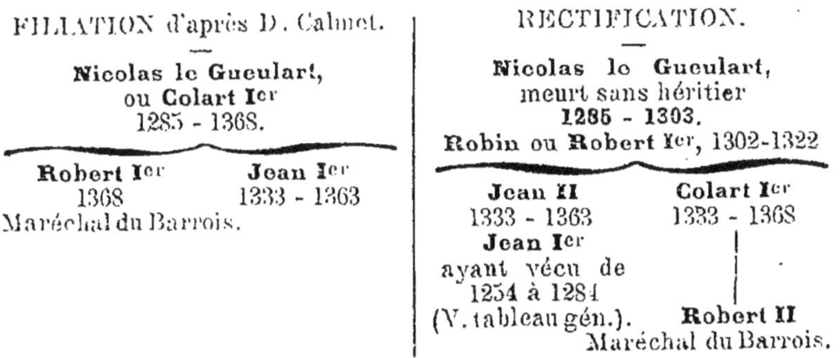

Dès cette époque (1333), on doit considérer la maison
des Armoises comme entièrement Barrisienne et la
généalogie de Dom Calmet, sauf quelques légers détails,
peut être admise avec une entière confiance.

Il ne reste plus, afin de compléter la liste des Armoises ayant vécu jusqu'en 1300, qu'à donner la généalogie
de la branche de Charbogne, qui a joui d'une grande
importance dans le Rethélois et intéresse particulière-
ment l'histoire ardennaise.

Branche des Armoises de Charbogne.

1. — *Gaucher,* fils de Nicolas Dagars, sire des Armoises, reçut Charbogne en partage à la suite de l'é-
change fait en 1245 entre son père et Jean comte de
Rethel, (cart. de Rethel, 67). Gauchier Dagart de Charbogne fut en 1262, pleige de Manassès V, dans un
traité entre ce comte de Rethel et l'abbé de S. Remi de
Reims. (Cartul. A de S. Remi fol. 428 ms.) Il eut pour
fils Nicolas, sire de Charbogne, qui suit. Gaucher était
l'oncle, et Nicolas de Charbogne, le cousin germain de
Nicolas le Guellart.

II. — Nicolas de Charbogne épousa en 1274, Isabelle ou Élisabeth d'Ecry, comtesse de Rethel, veuve de Manassès V, et quoiqu'elle eût un fils qui devint comte à sa majorité, Nicolas prit souvent dans les chartes la qualité de comte de Rethel.

Baudoin, archidiacre de Châlons, fils du seigneur d'Autry, fondateur des Rosiers, étant mort, en 1286, Nicolas de Charbogne devint seigneur d'Autry, et en 1289, au mois de décembre, il donna à ce village des lettres de franchises à la loi de Beaumont. Une autre portion d'Autry appartenait à la famille d'Oreymont et de Roumery.

Nicolas paraît n'avoir eu qu'un fils nommé Gaucher, comme son grand-père.

III. — Gaucher II, de Charbogne se fit moine, et en lui paraît s'être éteinte cette branche de la famille des Armoises ;

Voici son épitaphe :

Cy gist Gaucher de Charbogne, moine de Saint-Remi, frère de la comtesse de Rethel, oncle du comte de Flandres, et cousin germain du comte de Grandpré, qui trépassa l'an de grâce 1319.

(Jolibois, hist. de Rethel, appendice, p. 193).

Une dernière observation au sujet d'une confusion opérée par l'abbé de Senones, entre un nom champenois et un nom lorrain :

« Jean des Armoises l'aîné, qui vivait en 1403, épousa, dit cet auteur, Agnès de Volzire, fille de Henry de Volzire, seigneur de Sorcy.... » Il faut lire : Agnès de Vouziers, fille de Henry de Vouziers, seigneur de

Sorcy, lequel était gouverneur du Rethelois dès 1390, et dont les relations avec les des Armoises venaient de leur voisinage dans la seigneurerie de Sorcy (Voy. art. *Robert Ier*, ci-dessus). Par suite de cette alliance, la branche des Armoises de Housse possédait encore la seigneurie de Vouziers au xve et au xvie siècle, car on trouve à cette époque parmi les seigneurs de ce lieu, Robert de Housse et Jacques de Sorbey; de plus, sur l'un des contreforts nord de l'église de Vouziers (xve siècle), on voit encore aujourd'hui un écusson au blason des Armoises supporté par un lion qui sert de gargouille.

La famille de Volzire, au contraire, est une famille lorraine à laquelle appartenait Nicolas Volzire de Séronville, auteur de la *Chronique en vers des rois et ducs d'Austrasie*, Paris, 1580. L'erreur de Dom Calmet est combattue aussi par Husson Macrossais, *simple crayon*, art. Sorcey.

TABLEAU GÉNÉALOGIQUE
de la
MAISON DES ARMOISES
JUSQU'A SON ÉTABLISSEMENT EN BARROIS.

Nicolas de Stonne, 1137.

Nicolas Dagart, 1244.

Baudoin Ier époux d'Alix, 1253			**Gaucher de Charbogne** 1245	**Gobert**	**Clerembault** clerc
Jean Ier 1234 époux de Pucella.	**Nicolas le Guellart** 1284-1303 mort sans héritiers.	**Une fille** 1255 mariée à Jean de Vonc.	**Nicolas de Charbogne** 1286-1289 époux d'Isabelle, comtesse dé Rethel.	**Robert Ier ou Robin** 1302-1312 époux de Julienne de Vandy, veuve de Baudoin II des Armoises avait d'un premier lit :	

Bauduin II 1310 des Armoises époux de Julienne de Vandy.

Gaucher de Charbogne moine de Saint-Remi mort en 1319.

Jean II 1310 - 1333 [c'est le Jean Ier de D. Calmet].

Colart Ier 1310 - 1363 [confondu par D. Calmet avec Nicolas le Guellart].

1º **Baudoin II,**
2º **Jean de Neuville**
3º **Isabeau,** décédée sans enfant,
4º **Alix,** épouse de Jacq. de Hans.

Robert II 1368 maréchal du Barrois, le premier du nom, connu de D. Calmet.

Extrait des Mémoires de la Société d'Archéologie
lorraine pour 1877.

Nancy, imp. de G. CREPIN - LEBLOND, Grande-Rue, 14.

Nancy, Imp. de G. CRÉPIN-LEBLOND